LES DRAGONS
ET
LES BÉNÉDICTINES,

COMÉDIE EN UN ACTE ET EN PROSE,

DU CITOYEN PIGAULT-LE-BRUN

Représentée, pour la première fois, sur le théâtre de la Cité, le dix-huit pluviôse.

Prix, une liv. cinq sous.

A PARIS,

Chez BARBA, Libraire, rue Gît-le-Cœur, N°. 15.

L'an second de la République Française.

PERSONNAGES.	Citoyens.
UN COLONEL DE DRAGONS.	DUVAL.
UN CAPITAINE.	SAINT-CLAIR.
UN VIEUX MARÉCHAL-DE-LOGIS.	PROGERE.
UN LIEUTENANT.	LE MAIRE.
UN LIEUTEN.-COLONEL.	Personnages muets.
UN CAPITAINE.	
UN SOUS-LIEUTENANT.	
HUIT OU DIX DRAGONS.	
	Citoyennes.
L'ABBESSE.	LAURENT.
Mad. Ste. CLAIRE.	SAINTE-CLAIRE.
Mad. Ste. AGNÈS.	LA CAILLE.
Mad. Ste. SCHOLASTIQUE.	MANTOUCHU.
SOEUR GERTRUDE.	PELISSIER.
RELIGIEUSES muettes.	

La scène est à Furnes, dans l'enclos d'un couvent.

LES DRAGONS
ET
LES BÉNÉDICTINES,

A la gauche du spectateur, près l'avant scène, est un pavillon, avec une porte en face du public. A la partie qui fait face à l'intérieur du théâtre, est une croisée à grands carreaux, et celui d'en bas est monté sur un store, de sorte qu'au moment où on entend le bruit du verre cassé, on lâche le ressort, et l'étoffe qui forme le carreau, se roule et monte rapidement. — A la droite du spectateur, est un mur qui prend depuis l'avant-scène jusqu'au fond du théâtre. Ce mur sépare le couvent de la rue, et il est garni extérieurement des chassis de place publique.

Un autre mur traverse le théâtre sur toute sa longueur; à ce mur est adossé une vieille chapelle gothique, sous laquelle sont saint Martin et le diable. Saint Martin est à cheval, placé au profil, la tête du cheval tournée à la droite du spectateur. Le diable est à la croupe du cheval, un peu en avant.

SCÈNE PREMIÈRE.

Ste. SCHOLASTIQUE, Ste. AGNÈS.

Ste SCHOLASTIQUE.

Ah! Mad. Ste. Agnès.

Ste AGNÈS.

Ah chère Scholastique.

Ste. SCHOLASTIQUE.

Quelle perversité!

Ste. AGNÈS.

Quelle irréligion !

Ste. SCHOLASTIQUE.

Vous ne céderez pas ?

Ste. AGNÈS.

Ni vous non plus ?

Ste. SCHOLASTIQUE.

Je suis à l'abri de la séduction.

Ste. AGNÈS.

Ma vocation est éprouvée.

Ste. SCHOLASTIQUE.

Les hommes ont beau faire.

Ste. AGNÈS.

Ils n'éloigneront pas la brebis du bercail.

Ste. SCHOLASTIQUE.

Le piége est adroit : le monde a des attraits.

Ste. AGNÈS.

Dites qu'il est dangéreux.

Ste. SCHOLASTIQUE.

Qui le sait mieux que moi ? je m'en souviens ma sœur.

Ste. AGNÈS.

Et moi ma sœur, et moi ?

Ste. SCHOLASTIQUE.

Ainsi l'appas qu'on nous présente ne nous dérangera pas de la bonne voie ?

Ste. AGNÈS.

Jamais, ma sœur ; jamais ; quoi, parce que les Français sont entrés à Furnes, il faudra adopter leurs principes, il sera permis de quitter ce lieu ? et c'est aux épouses du seigneur que l'on tient ce langage !

SCÈNE II.

Ste. SCHOLASTIQUE, Ste. AGNÈS, Ste. CLAIRE.

Ste. CLAIRE.

Ah! je suis enchantée de vous rencontrer! je viens d'apprendre des nouvelles délicieuses.

Ste. AGNÈS. (*à Scholastique*)

Comme elle est dissipée!

Ste. SCHOLASTIQUE.

Elle a encore les airs mondains.

Ste. CLAIRE.

Vous savez mesdames, vous savez, les portes sont ouvertes.

Ste. SCHOLASTIQUE.

Et personne ne sortira.

Ste. CLAIRE.

Pardonnez moi, madame; je pars j'y suis déterminée.

Ste. AGNÈS.

Et vos vœux madame?

Ste. CLAIRE.

Je les ai faits à seize ans.

Ste. SCHOLASTIQUE.

En sont-ils moins indissolubles?

Ste. CLAIRE.

Tenez, je suis entrée ici sans trop savoir comment; depuis deux ans je m'y ennuie, et je suis bien aise d'aller respirer le grand air.

Ste. AGNÈS.

Elle est pleine des maximes du siècle.

Ste SCHOLASTIQUE.

Vous vous perdez, vous vous perdez, madame ste, Claire,

Ste. CLAIRE.

Cela me regarde.

Ste. AGNÈS.

Notre charité.

Ste. CLAIRE.

Va trop loin.

Ste. SCHOLASTIQUE.

Que dira madame l'abbesse ?

Ste. CLAIRE.

Tout ce qu'il lui plaira.

Ste. AGNÈS.

Qu'elle insubordination !

Ste. SCHOLASTIQUE.

C'est l'esprit malin qui l'égare.

Ste. CLAIRE.

C'est tout ce que vous voudrez ; mais je m'en vas.

Ste. AGNÈS.

Que la jeunesse est à plaindre !

Ste. CLAIRE.

Pas tant, mesdames, pas tant.

Ste. SCHOLASTIQUE.

Sa carrière est hérissée d'épines.

Ste. CLAIRE.

Avec un peu de rais[illegible] on les écarte, et on ne cueille que les fleurs.

S[illegible]. A[illegible]NÈS.

La raison..... la r[illegible]... qui quitte un couvent.....

Ste. CLAIRE.

Où tout la blesse à chaque instant, où le plus ridicule esclavage.....

Ste. SCHOLASTIQUE.

Que dites-vous, madame ? depuis quarante ans que madame ste. Agnès et moi nous l'habitons.....

Ste. CLAIRE.

Hé bien, mesdames, restez-y.

Ste. AGNÈS.

C'est bien notre intention, madame, nous ne sommes pas legères.

Ste. CLAIRE.

Je le crois.

Ste. SCHOLASTIQUE.

Mais vous, orpheline, et sans fortune, que ferez-vous dans le monde ?

Ste. CLAIRE.

Le bonheur d'un galant homme.

Ste. SCHOLASTIQUE.

Quelle horreur !

Ste. AGNÈS.

Quel scandale !

Ste. CLAIRE.

Vieux contes, que tout cela.

Ste. SCOLASTIQUE.

Vous le prenez sur un ton bien haut, madame.

Ste. CLAIRE.

Pardon, mesdames, mais c'est qu'en vérité, ma tête n'est plus à moi ; c'est que je suis ravie d'être libre ; c'est que mon ame s'ouvre à l'espoir d'une existence que je ne connais pas encore, mais que j'embellis des charmes que lui prête mon imagination ; c'est que.... c'est que...

Ste. AGNÈS.

C'est que monseigneur notre évêque vous mettra à la raison.

Ste. CLAIRE.

Qu'il prenne garde que les français ne l'y mettent lui-même.

Ste. SCHOLASTIQUE.

On vous fera connaître la règle.

Ste. CLAIRE.

Je ne connais que la loi.

Ste. AGNÈS.

Mais voyez donc cette petite audacieuse, si on la laissait faire, elle pervertirait toutes nos dames.

Ste. SCHOLASTIQUE.

Allons la dénoncer à madame l'abbesse.

Ste. AGNÈS.

L'esprit de l'ordre nous y oblige.

Ste. CLAIRE (*avec enthousiasme*).

Je vous précède, mesdames, le bonnet de la liberté sur la tête, et le décret à la main. (*Elle sort*).

SCENE III.

Ste. SCHOLASTIQUE, Ste. AGNES.

Ste. AGNÈS.

Il n'y a plus de piété, madame, il n'y en a plus.

Ste. SCHOLASTIQUE.

On avait bien raison de nous dire sans cesse; défiez-vous de la philosophie.

Ste. AGNÈS.

Les philosophes sont un fléau du ciel.!

SCÈNE IV.

SŒUR GERTRUDE.
LES PRÉCÉDENTES.

GERTRUDE (*prenant le milieu*).

Mesdames, mesdames, je suis scandalisée, anéantie; on remplace monseigneur; on va procéder à l'élection d'un d'un nouveau prélat, et on nous laisse un régiment de dragons; un régiment de dragons, mesdames, pour contenir ce qu'on appelle les mutins.

Ste. SCHOLASTIQUE.

Un régiment de dragons, sainte Agnès!

Ste. AGNÈS.

Un régiment de dragons, sainte Scholastique!

GERTRUDE.

Oui, mesdames, des dragons d'un côté, des gardes nationales de l'autre.....

Ste. SCHOLASTIQUE.

Et comment notre directeur veut-il, qu'au milieu de tout cela, de pauvres filles?....

GERTRUDE.

Il est au mieux avec les mécréans. Il lève une compagnie.

Ste. AGNÈS.

Une compagnie, c'est incroyable!

GERTRUDE.

Depuis hier, et nous n'en savions rien!

Ste. SCHOLASTIQUE.

J'avais toujours douté de cet homme-là.

Ste. AGNÈS.

Et moi aussi. Quoi qu'il ait des vertus, il a toujours tenu au tolérantisme.

Ste. SCHOLASTIQUE.

A la liberté des cultes.

Ste. AGNÈS.

Et ce sont bien-là des sentimens de réprouvé.

Ste. SCHOLASTIQUE.

Sans doute; il faut d'abord l'esprit de son état.

Ste. AGNÈS.

Soutenir les privilèges de l'église.

Ste. SCHOLASTIQUE.

Et ceux des ministres, Sainte Agnès.

Ste. AGNÈS.

C'est ce que je voulais dire, Sainte Scholastique, (*à Gertrude*). Et madame l'Abbesse, sait-elle ce que va consommer l'impiété ?

GERTRUDE.

J'allais lui tout apprendre, quand je vous ai rencontrées.

Ste. SCHOLASTIQUE.

Le danger est pressant, allons instruire madame.

Ste. AGNÈS.

Elle contiendra ces jeunes têtes égarées par l'esprit malin; allons, madame, allons.

Ste. SCHOLASTIQUE.

Défendons saint Benoît.

Ste. AGNÈS.

Et maintenons la règle. (*Elles sortent*).

SCÈNE V.

GERTRUDE *seule.*

(*A la fin du monologue, le capitaine et le maréchal-des-logis paraissent au haut de la muraille*).

Oh les dignes dames, que ces dames! les vanités mondaines ne les touchent pas; elles aiment leur état, elles y persévéreront, et je les imiterai; car enfin, où irais-je pour être mieux? Moi, pauvre sœur converse, sans talens et sans ressource. Je suis tombée dans une sainte maison, où je ne manque de rien, et où l'impiété n'amenera pas la famine; mais allons voir un peu ce que tout ceci deviendra. (*Elle sort.*)

SCÈNE VI.

LE CAPITAINE, LE MARECHAL-DES-LOGIS.

LE MARÉCHAL-DES-LOGIS (*sur le mur*).

Vous voyez bien, mon capitaine, qu'il n'y a rien-là d'extraordinaire.

LE CAPITAINE.

D'extraordinaire, non; mais voilà des bosquets qui promettent. (*Il descend*).

LE MARECHAL-DES-LOGIS.

Comment, morbleu, vous descendez?

LE CAPITAINE.

Les dragons ne reculent jamais. (*Au maréchal-des-logis, qui hésite*). Allons donc mon vieux camarade, cette expédition seroit la première où nous aurions été l'un sans l'autre.

LE MARÉCHAL-DES-LOGIS.

Mon capitaine, vous ne savez ce que vous faites, ou le diable m'emporte.

LE CAPITAINE.

Ne t'inquiette de rien.

LE MARÉCHAL-DES-LOGIS (*descendant*).

Escalader un couvent de filles!

LE CAPITAINE.

C'est sans mauvaise intention.

LE MARÉCHAL-DES-LOGIS.

S'exposer à des poursuites.....

LE CAPITAINE.

De la part de qui? les difficultés m'irritent, le danger m'amuse. J'ai quelques heures à perdre, et je viens les passer ici.

LE MARÉCHAL-DES-LOGIS.

Vos étourderies finiront mal.

LE CAPITAINE.

Tu sermones sans cesse.

LE MARÉCHAL-DES-LOGIS.

Ce sont bien paroles perdues.

LE CAPITAINE.

En ce cas, fais-moi grace de tes réflexions.

LE MARÉCHAL-DES-LOGIS.

Vous en parlez bien à votre aise; je vous connais depuis votre enfance, je m'intéresse à vous; vous faites des folies; je vous suis, pour vous empêcher d'en faire de plus graves; malgré mes remontrances, nous voilà ici; qu'allons-nous y faire?

LE CAPITAINE.

L'amour, mon vieux camarade, l'amour.

LE MARÉCHAL-DES-LOGIS.

Il faut que je sois amoureux aussi?

LE CAPITAINE.

Hé sans doute. Je vais rencontrer une belle indolente, bien lasse de sa clôture; elle me verra, m'aimera et me suivera. Tu trouveras quelque vénérable, à qui tu rappeleras le souvenir de sa jeunesse, et nous serons heureux tous quatre.

LE MARÉCHAL-DES-LOGIS.

Et si on résiste?

LE CAPITAINE.

Nous ferons la petite guerre.

LE MARÉCHAL-DES-LOGIS.

Alors l'alarme se répandra, les nones crieront, les cloches sonneront, les dragons arriveront, nous saisiront, nous emprisonneront.....

LE CAPITAINE.

Et ensuite nous sortirons.

LE MARÉCHAL-DES-LOGIS.

Votre oncle vous pardonne toutes vos fredaines, et vous abusez de ses bontés. Jamais on n'a vu un capitaine respecter moins son colonel.

LE CAPITAINE.

Les neveux sont faits pour faire des sottises, et les oncles pour les pardonner.

LE MARÉCHAL-DES-LOGIS.

Enfin vous voulez ? ...

LE CAPITAINE.

Je ne sais ni ce que je veux, ni ce que je ferai ; les circonstances me détermineront.

SCÈNE VII.

Les précédens, Mad. Ste. AGNÈS, Mad. Ste. SCHOLASTIQUE *descendant la scène, en causant avec feu, et sans voir les dragons.*

LE MARÉCHAL-DES-LOGIS.

Hé bien, déterminez-vous. Voilà deux de ces dames. Abordez-les, dites leur des douceurs.

LE CAPITAINE (*après les avoir regardées.*)

Mon camarade, jamais je ne me suis senti moins éloquent.

LE MARÉCHAL-DES-LOGIS.

Ces vieilles têtes-là vont vous rendre raisonnable.

LE CAPITAINE.

Non parbleu. Le vin est tiré, il faut le boire ; allons ; ferme, ne fut-ce que pour l'honneur du corps.

LE MARÉCHAL-DES-LOGIS.

Quoi, sérieusement vous allez leur en conter?

LE CAPITAINE.

Très-sérieusement.

LE MARÉCHAL-DES-LOGIS.

Comme il vous plaira; moi, je vais faire un tour dans ces bosquets; si je rencontre sœur appetissante, et lasse du froc, je lui ferai faire du chemin en peu de tems.

(*Il sort par le bosquet à gauche*).

SCÈNE VIII.

Madame Sainte SCHOLASTIQUE, Mad. St. AGNÈS, LE CAPITAINE.

LE CAPITAINE.

Prenons le ton grave et mystique nécessaire pour nous faire écouter.

Ste. SCHOLASTIQUE (*appercevant le capitaine*)

Miséricorde!

Ste. AGNÈS.

Un homme!

Ste. SCHOLASTIQUE.

Un officier! à quel dangers on est exposé dans ce siécle maudit!

Ste. AGNÈS.

Cependant il a l'air réservé.

LE CAPITAINE.

De grace, mes-dames....

Ste. SCHOLASTIQUE (*s'adoucissant.*)

Quel son de voix flateur!

Ste. AGNÈS (*de même*)

Quelle figure intéressante! quel dommage, que ce beau jeune homme ne soit pas religieux!

Ste. SCHOLASTIQUE.

Appellerons nous, sainte Agnès?

Ste. AGNÈS.

Je n'en ai pas la force.

Ste. SCHOLASTIQUE.

N'y moi, ma sœur.

LE CAPITAINE. (*passant entre-elles deux*)

Qu'avez-vous, mesdames? aurais-je le malheur de vous effrayer.

Ste. SCHOLASTIQUE.

Mais, monsieur.... votre entrée ici,...

LE CAPITAINE.

Vous étonne à ce qu'il me parait?

Ste. AGNÈS.

Nous étonne? nous confond.

LE CAPITAINE.

Elle n'a pourtant rien que de très-naturel; les portes étaient fermées, il a fallu sauter par dessus les murailles.

Ste. SCHOLASTIQUE.

Oh, le petit impie! n'avez-vous été vu de personne?

LE CAPITAINE.

De personne absolument.

Ste. AGNÈS.

Il est prudent, au moins.

Ste. SCHOLASTIQUE.

Mais, monsieur, quel est votre dessein?

LE CAPITAINE.

De vous admirer de plus près.

Ste. AGNÈS.

De nous admirer! monsieur avait donc entendu parler de nous?

LE CAPITAINE.

Hé, mesdames, votre vertu fait un bruit dans le monde.....

Ste. SCHOLASTIQUE.

Notre vertu fait du bruit, ma sœur?

Ste. AGNÈS.

Et dans le monde encore! quel honneur pour la maison!

LE CAPITAINE.

Oui, mesdames, votre vertu est connue à vingt lieues à la ronde, et je me plais à lui rendre hommage.

Ste. SCHOLASTIQUE.

C'est un élu, ma sœur.

Ste. AGNÈS.

Il a, en effet, un air de béatitude.

LE CAPITAINE. (*se composant*)

Je n'ai jamais aimé la jeunesse. Elle est si pervertie aujourd'hui!

Ste. AGNÈS.

Vous avez bien raison, mon fils.

LE CAPITAINE. (*les fixant alternativement.*)

Si jamais je prends une compagne, je veux qu'elle soit raisonnable, et d'un âge mur.

Ste. SCHOLASTIQUE.

Quel jugement!

Ste. AGNÈS.

Quelle sagesse!

LE CAPITAINE.

Ce n'est plus que dans les monastères qu'il faut chercher le mérite sans orgueil, la modestie sans apprêt, la tendresse sans perfidie.

Ste. AGNÈS.

Quel homme!

Ste. SCHOLASTIQUE.

Chacune de ses paroles va droit à l'ame.

Ste. AGNÈS.

Oui, à l'ame, ma sœur,

LE CAPITAINE.

Depuis que les cloîtres sont ouverts, rien ne m'empêche plus de poursuivre un projet que je crus long-tems une chimère, et si un engagement solide....

Ste. SCHOLASTIQUE (*à part*).

Un engagement solide!

Ste. AGNÈS.

L'aimable petit enfant!

LE CAPITAINE.

Si un engagement solide pouvait intéresser quelqu'un....

Ste. AGNÉS (*bas*).

Défiez-vous de sainte Scholastique.

Ste. SCHOLASTIQUE (*bas*).

Craignez sainte Agnès.

Ste. AGNÈS (*bas*).

Elle est acariâtre.

Ste. SCHOLASTIQUE (*bas*).

Elle est méchante.

Ste. AGNÈS (*bas*).

Ce n'est pas à sainte Scholastique que vos discours s'adressent?

LE CAPITAINE (*bas*).

Non, sans doute.

Ste. SCHOLASTIQUE (*bas*).

Ce n'est pas de sainte Agnès que vous avez entendu parler?

LE CAPITAINE (*bas*).

Je n'ai garde,

Ste. AGNÈS.

Ma sœur, nous avons eu tort de parler à madame comme nous venons de le faire. La philosophie pourrait n'avoir pas tant de torts.

Ste. SCHOLASTIQUE.

Et ce jeune philosophe est bien fait pour nous le persuader.

Ste. AGNÈS.

C'en est fait. Je crois que je suis déterminée.

Ste. SCHOLASTIQUE.

Et moi aussi.

Ste. AGNÈS.

Je veux me retracter.

Ste. SCHOLASTIQUE.

Moi de même.

Ste. AGNÈS.

Allons ma sœur, retournez près de madame.

Ste. SCHOLASTIQUE.

Que j'y retourne, madame ? nos intérêts sont communs.

Ste. AGNÈS.

Hé bien, allons-y ensemble.

Ste. SCHOLASTIQUE.

Soit, ensemble.

Ste. AGNÈS (*bas*).

A tantôt, mon fils.

Ste. SCHOLASTIQUE (*bas*).

A ce soir, mon cher enfant.

(*Elles sortent, en se retournant l'une après l'autre vers le capitaine, qui leur fait des signes*).

SCÈNE IX.

LE CAPITAINE *seul.*

Et de deux. Vivent les dragons pour convertir les nones. Si on ne dérange pas mon petit plan de campagne, d'ici à ce soir, je gagne tout le couvent à la République.

SCENE X.

Mad. SAINTE CLAIRE (*accourant*), LE CAPITAINE.

Ste. CLAIRE.

Hé bien, mesdames, avais-je tort de vous dire que bientôt..... (*S'arrêtant*). Un officier ! (*à part*). Oh comme il est joli !

LE CAPITAINE.

La séduisante petite mine !

Ste. CLAIRE.

Comme il me regarde !

LE CAPITAINE.

Je suis enchanté, charmante sœur, de vous avoir rencontrée. Je suis un missionnaire chargé d'opérer des conversions, et je m'applaudirai de vous avoir au rang de mes prosélites.

Ste. CLAIRE.

(*A part*) Il a de l'esprit. (*Haut*). On aurait pu choisir un apôtre moins dangereux, et il eût été difficile d'en trouver un plus aimable.

LE CAPITAINE.

Je ne cherchais pas un compliment,

Ste. CLAIRE.

Aussi, n'en n'est-ce pas un que j'ai prétendu vous faire.

LE CAPITAINE (*Voulant lui prendre les mains*).

Adorable, en honneur.

Ste. CLAIRE.

Laissez donc; vous oubliez qu'un missionnaire ne doit parler qu'à l'esprit.

LE CAPITAINE.

Il ne lui est pas défendu d'intéresser le cœur.

Ste. CLAIRE.

A la bonne heure. Le mien ne prend encore aucun intérêt à tout ceci.

LE CAPITAINE.

Quelle insensibilité!

Ste. CLAIRE.

On est insensible, parce qu'on n'adore pas monsieur à la première vue.

LE CAPITAINE.

Oh, je n'exige pas cela.

Ste. CLAIRE.

Mais vous y comptez un peu?

LE CAPITAINE.

A vous dire vrai, je croyais.....

Ste. CLAIRE.

N'avoir qu'à paraître pour opérer une conversion.

LE CAPITAINE.

Le vôtre ne me semble pas très-facile.

Ste. CLAIRE.

Monsieur juge sainement.

LE CAPITAINE.

Mais je n'en désespère pas.

Ste. CLAIRE.

Ce serait un désespoir un peu prématuré.

LE CAPITAINE.

Charmante religieuse ?

Ste. CLAIRE.

Aimable dragon ?

LE CAPITAINE.

Les momens sont précieux. Tâchons de nous entendre.

Ste. CLAIRE.

Bien volontiers. Parlez, je vous écoute.

LE CAPITAINE.

Vous pensez bien que je ne suis pas ici selon saint Benoît.

Ste. CLAIRE.

Cela se devine, et de reste.

LE CAPITAINE.

Que je ne peux pas y rester éternellement.

Ste. CLAIRE.

Vous seriez bien à plaindre d'en avoir seulement la pensée.

LE CAPITAINE.

Le cloître vous ennuie ?

Ste. CLAIRE.

A la mort.

LE CAPITAINE.

Il faut en sortir, et à l'instant.

Ste. CLAIRE.

En sortir, j'y compte ; à l'instant, c'est une autre affaire.

LE CAPITAINE (*montrant la muraille*).

Je suis arrivé par-là, nous partirons par le même chemin.

Ste. CLAIRE.

Je crains les chemins difficiles, et vos intentions apostoliques ne me rassurent pas du tout.

LE CAPITAINE.

Mes intentions! mais je vous jure que je n'en ai aucune qui puisse....

Ste. CLAIRE.

J'en ai, moi, et dont je ne m'écarterai point.

LE CAPITAINE.

Peut-on, sans être indiscret, vous demander quelles sont ces intentions?

Ste. CLAIRE.

Je n'ai jamais rien dissimulé. La vie monastique ne me convient pas du tout, vous pouvez en juger; j'ai résolu de me rendre à moi-même, vous le croirez aisément; mais je n'employerai que les moyens avoués par la décence, et je me garderai bien d'aller courir les champs avec un dragon, et un dragon de votre tournure

LE CAPITAINE (*à part*).

Voilà le plus aimable petit lutin que j'aie vu de ma vie.

Ste. CLAIRE (*à part*).

Voilà le plus dangereux missionnaire que je pusse rencontrer.

LE CAPITAINE.

Ma sœur?

Ste. CLAIRE.

Mon frère?

LE CAPITAINE.

Je voulais vous convertir, et je crois que c'est vous qui me convertirez.

Ste. CLAIRE.

Vous allez attaquer mon amour-propre; je vous déclare que je n'en ai point.

LE CAPITAINE.

Charmante, et point d'amour-propre! Vous êtes une femme accomplie.

Ste. CLAIRE.

Vous revenez à votre but.... par un détour, finesse inutile.

LE CAPITAINE.

Je n'emploie ni finesse, ni détour. La tête me tourne, et je crois que j'ai le cœur aussi vivement attaqué que l'esprit.

Ste. CLAIRE.

Votre état est alarmant ! heureusement ce mal subit ne sera pas de longue durée.

LE CAPITAINE.

Qui vous l'a dit ?

Ste. CLAIRE.

Je le présume.

LE CAPITAINE.

Et si vous vous trompiez ?

Ste. CLAIRE.

Ce serait un triomphe trop flatteur ! Une petite religieuse voir un vainqueur à ses pieds !....

LE CAPITAINE.

Ah, vous me persillez ! Revenons ; j'ai été jusqu'ici passablement libertin.

Ste. CLAIRE.

Je le crois.

LE CAPITAINE.

Mais je renonce à mes amours de garnison, et je me jette à corps-perdu dans la réforme.

Ste. CLAIRE.

Et vous le dites d'un ton à persuader le contraire.

LE CAPITAINE.

Ce n'est pas à mon ton, c'est à mon cœur qu'il faut croire.

Ste. CLAIRE.

Écoutez, monsieur le dragon, vous me parlez, je vous réponds; grace à mon étourderie, me voilà passablement compromise. Je vois que cette conversation nous menerait trop loin: je vous salue, et je vous quitte.

LE CAPITAINE.

Un moment. Il sera toujours tems de nous quitter, et bien-tôt, peut-être, il ne le sera plus de prendre certains arrangemens....

Ste. CLAIRE.

Des arrangemens, l'expression est forte.

LE CAPITAINE.

Et si ceux que j'ai à vous proposer, accordaient votre cœur et votre délicatesse?

Ste. CLAIRE.

Cela me paraît difficile.

LE CAPITEINE.

Rien de plus aisé. Vous quittez cette maison, vous rentrez dans le monde : qu'y ferez-vous?

Ste. CLAIRE.

Je ne sais.

LE CAPITAINE.

Avez vous des parens?

Ste. CLAIRE.

Hélas, non.

LE CAPITAINE.

Une jeune personne de votre âge, ne saurait vivre isolée. Il faut tenir à quelque chose, et le mariage est le moyen le plus sûr d'imposer silence aux méchans; voilà pour la délicatesse : il vous faut un mari jeune, enjoué, qui ne vous lie que par la tendresse, qui n'ait d'empire que par les plaisirs; voilà pour le cœur : je serai ce mari là; je leve toutes les difficultés, je vous épouse ce soir, c'est un affaire conclue.

Ste.

Ste. CLAIRE.

Vous allez un peu vîte.

LE CAPITAINE.

Nos momens sont comptés, un militaire est pressé de jouir, et nous nous marierons aujourd'hui, parceque je puis être tué demain.

Ste. CLAIRE

Voilà qui est parfaitement arrangé.

LE CAPITAINE.

N'est-il pas vrai ?

Ste. CLAIRE.

Si c'est une plaisanterie, elle est trop forte; si ce projet est sérieux, il est insensé.

LE CAPITAINE

Je fais l'amour gaîment et je ne plaisante pas, et loin qu'il y ait de la démence à vous aimer, plus je vous vois, plus je me trouve raisonnable.

Ste. CLAIRE

Voilà bien le plus singulier hasard!... mais pensez donc que nous ne nous connaissons point.

LE CAPITAINE

Je crois au contraire que nous nous connaissons beaucoup.

Ste. CLAIRE.

Que je ne possède absolument rien.

LE CAPITAINE.

N'y moi non plus, je suis dans toute l'étendue du mot un capitaine sans culottes.

Ste. CLAIRE.

Et que je suis d'une étourderie.....

LE CAPITAINE.

Oh, de ce côté là, je n'aurai rien à vous reprocher. Vous voyez que nous tenons déjà l'un à l'autre par les rapports les plus frappans, et si l'amour que vous m'avez inspiré était un de ces coups simpathiques....

Ste. CLAIRE.

Monsieur le capitaine, le désir de la liberté, si naturel a mon âge, l'espoir de la recouvrer bientôt, m'ont exalté la tête à un point que je n'ai sçu d'aujourd'hui n'y ce que j'ai fait, n'y ce que j'ai dit. Nous venons d'avoir un entretien, qui n'a pas le sens commun, et que ma situation seule peut rendre excusable aux yeux de la raison. Quelque soit l'opinion que vous avez conçue de moi, quelques soient vos intentions, je vous déclare que vous ne m'arracherez plus un mot et que je vous attends au parloir : c'est là, qu'en présence de madame l'Abbesse, je parlerai avec la franchise que vous me connaissez, je me nomme madame sainte Claire souvenez vous en, et prenez votre parti. (*elle sort.*)

SCÈNE XI.

LE CAPITAINE. *seul.*

Voilà bien la plus inconcevable petite femme..... ce mélange de légereté, de graces, de décence est d'une originalité... oui je l'épouserai quoiqu'en dise mon oncle... je me croyais un être incomparable, mais elle me vaut à tous égards et nous ferons un couple unique.

SCÈNE XII.

LE MARÉCHAL-DES-LOGIS, SŒUR GERTRUDE, *Entrant à reculons, les poings sur les côtés.* LE CAPITAINE,

GERTRUDE.

Jour de dieu ! ne vous y fourez point.

LE MARÉCHAL-DES-LOGIS.

La paix, ma sœur, la paix,

GERTRUDE.

La paix avec un dragon !

LE MARÉCHAL-DES-LOGIS.

Qui n'est pas si diable qu'il est verd.

GERTRUDE.

Vouloir faire d'une sœur converse une vivandiere !

LE MARÉCHAL-DES-LOGIS.

Et pourquoi pas ?

GERTRUDE.

Et saint Benoist, et sa sainte règle ?

LE MARÉCHAL-DES-LOGIS.

Je me môque de la règle, moi.

GERTRUDE.

N'approchez pas, où je vous arrache les yeux.

LE CAPITAINE.

Le charmant petit caractere !

LE MARÉCHAL-DES-LOGIS.

Cette fille est pis, qu'un allobroge.

GERTRUDE.

qu'appellez-vous fille ? qu'appellez-vous allobroge ?

LE MARÉCHAL-DES-LOGIS.

En voici bien d'une autre.

GERTRUDE.

Il n'y a ici n'y filles, n'y allobroges, et vous êtes un impertinent.

LE MARÉCHAL-DES-LOGIS.

Ma soeur...

GERTRUDE.

Un philistin.

LE MARÉCHAL-DES-LOGIS.

De grace...

GERTRUDE.

Un amalécite.

LE MARÉCHAL-DES-LOGIS.

Un diable, qui t'en porte.

LE CAPITAINE. (*riant*)

Ah, ah, ah, ah.

GERTRUDE.

Riez, monsieur l'officier, riez. Que faites vous ici? pourquoi profanez vous cette maison? par où y êtes vous entrés, enfans de belzebut?

LE MARÉCHAL-DES-LOGIS.

Il ne faut pas faire tant de bruit. On s'en ira par où on est venu.

GERTRUDE.

Oh je l'espère.

LE MARECHAL-DES-LOGIS.

Et on vous plantera là, vous et vos grimaces.

GERTRUDE.

On fait des grimaces, parcequ'on a de la vertu. Indigne, apostat, athée!

LE MARÈCHAL-DES-LOGIS.

Vieille imbécile, vieille cagote!

GERTRUDE.

Vieille! vieille! Je vais avertir nos dames, je vais ameuter tout le convent, ah je suis une vieille? je suis une fille, je suis une allobroge! vous verrez, vous verrez. (*elle sort*)

SCÈNE XIII.

LE MARÉCHAL-DES-LOGIS, LE CAPITAINE,

LE MARÉCHAL-DES-LOGIS,

C'est une enragée que cette femme là, si tu étais un autrichien...

LE CAPITAINE.

Mon vieux camarade, tu n'est pas heureux en amour.

LE MARÉCHAL-DES-LOGIS.

Une guenon, avec qui, depuis une heure, je me confonds en complimens.

LE CAPITAINE.

De la modération.....

LE MARÉCHAL-DES-LOGIS.

Et qui me traite comme un valet de carreau.

LE CAPITAINE.

Allons, console-toi, c'est un petit malheur; j'ai de grandes nouvelles à t'apprendre.

LE MARÉCHAL-DESLOGIS.

Vous en parlez bien à votre aise. C'est pourtant vous qui me valez cette algarade. J'avais bien affaire d'entrer dans cette maudite maison! De la modération! de la modération! Le premier maître d'armes du régiment, dont la réputation échoue devant le fouille-au-pot de la communauté! Je voulais faire son bonheur, la placer avantageusement, lui donner un poste honorable à la suite de l'armée; pour prix de mes soins, elle veut m'arracher les les yeux, et vous voyez cela de sang-froid, et vous voulez que je me modére! Allons, les voilà trois à présent.

(*Il passe à gauche du capitaine*).

SCÈNE XIV.

LES PRÉCÉDENS, Ste. AGNES; sœur GERTRUDE, Ste. SCHOLASTIQUE.

(*Pendant cette scène, le capitaine conte ses affaires au maréchal-des-logis, et ils rient ensemble à l'écart*).

Ste. SCHOLASTIQUE.

Oui, sœur Gertrude, vous avez tort.

GERTRUDE.

Comment, j'ai tort ?

Ste. AGNÈS.

Oui, tout-à-fait tort.

GERRRUDE.

Quoi, je rencontrerai ici deux hommes, deux effrontés et il faudra que je me taise.

Ste. SCHOLASTIQUE.

L'esprit de charité abhorre l'éclat.

Ste. AGNÈS.

Et l'amour du prochain le défend.

GERTRUDE.

Il n'y a ni charité, ni amour du prochain qui tienne, et c'est le cas, ou jamais, d'être très-en colère.

Ste. AGNÈS.

Ah ! sœur Gertrude, qu'avez-vous dit ?

Ste. SCHOLASTIQUE.

La colère, ma sœur, est un péché énorme.

Ste. AGNÈS.

Un cas réservé.

GERTRUDE.

Mais quel parti prendre avec ces impies.

Ste. AGNÈS.

Il faut leur opposer la douceur.

Ste. SCHOLASTIQUE.

La patience.

Ste. AGNÈS.

Les vertus modestes qui ramènent la brebis égarée.

GERTRUDE.

Savez-vous ce que ce vieux damné voulait faire de moi ? une vivandière.

Ste. SCHOLASTIQUE.

Hé bien, ma sœur, vous pouviez vous résigner.

Ste. AGNÈS.

Oui, par esprit de pénitence.

Ste. SCOLASTIQUE.

Et vous faire un mérite de votre résignation.

GERTRUDE.

Jesus, Maria! Je n'entends plus rien à votre logique.

Ste. AGNÈS.

Mais pensez donc que ces gens-là sont les plus forts.

Ste. SCHOLASTIQUE.

Et que la faible colombe ne peut résister à la serre du vautour.

GERTRUDE.

Oh, je résisterai, moi. Demandez à ces ricaneurs si je sais me défendre?

Ste. SCHOLASTIQUE.

Sœur Gertrude, vous sentez-vous assez de ferveur pour briguer les honneurs du martyr?

Ste. AGNÉS.

Pour vous offrir en holocauste?

GERTRUDE.

Ah je voudrais bien que cet envoyé de satan entreprit de me martyriser: par saint Benoît, je lui ferais voir beau jeu.

Ste. AGNÈS.

Ma sœur, nous sommes dans un état de quiétude, qui nous permet de nous expliquer sans passion. Retirez-vous, s'il vous plaît.

Ste. SCHOLASTIQUE.

Allez ma sœur, allez.

GERTRUDE.

Allons donc; mais défiez-vous d'eux.

Ste. SCHOLASTIQUE.

Reposez-vous sur notre expérience.

Ste. AGNÈS.

Et ne parlez de ceci à personne.

Ste. AGNÈS.

Évitons le scandale.

Ste. SCHOLASTIQUE.

A personne, évitons le scandale.

GERTRUDE (*en sortant*).

Évitons le scandale.

SCENE XV.

Ste. AGNÈS, LE CAPITAINE, Ste. SCHOLASTIQUE, LE MARÉCHAL-DES-LOGIS.

Ste. SCHOLASTIQUE.

Cet homme est-il sûr?

Ste. AGNÈS (*bas*).

Peut-on s'expliquer devant lui?

LE CAPITAINE.

C'est peut-être mon meilleur ami.

LE MARÉCHAL-DES-LOGIS.

Mon capitaine, vous croyez plaisanter. Ce que vous m'avez fait faire aujourd'hui, prouve bien que.....

LE CAPITAINE.

Oui, mon camarade, nous allons au feu ensemble. En amour, je te laisse en arrière; mais que veux-tu?

LE MARÉCHAL-DES-LOGIS.

C'est la prérogative de votre âge.

Ste. AGNÈS (*bas au capitaine*).

Vous savez ce que vous m'avez dit?

LE CAPITAINE.

Je ne l'ai pas oublié.

Ste. SCHOLASTIQUE (*bas*).

Je me rappelle vos discours.

LE CAPITAINE.

Et moi, madame, et moi!

Ste. SCHOLASTIQUE.

Ecoutez mon enfant, vous ne pouvez rester ici.

Ste. AGNÈS.

Non, sans doute. Cette sœur Gertrude est une bonne fille.....

Ste. SCHOLASTIQUE.

Une fille selon la règle, mais qui, par un zèle indiscret peut faire une imprudence, et nous compromettre toutes les deux : mère discrète, vous avez votre pavillon, il faut y renfermer ce cher enfant et son camarade.

Ste. AGNÈS.

Vous avez raison, ils seront là très-en sûreté; et si Gertrude parle, si on nous interroge, vaincus par nos exhortations, ils auront repassé les murs.

LE CAPITAINE (*à part*).

Et mon adorable étourdie qui m'attend au parloir.

LE MARÉCHAL-DES-LOGIS.

Ah ça, mesdames, mange-t-on chez vous?

Ste. SCHOLASTIQUE.

Comment si on y mange? mais vous êtes dans la terre promise.

Ste. AGNÈS (*au capitaine*).

J'ai des biscotins d'une légèreté, d'une délicatesse! Je les ai faits moi-même, je vous les réserve.

Ste. SCHOLASTIQUE.

J'ai des sirops d'une fraicheur! vous m'en direz votre avis.

LE MARÉCHAL-DES-LOGIS.

Une tranche de jambon, une bouteille de vin....

Ste. AGNÈS.

Vous aurez cela.

LE CAPITAINE.

Mesdames, vous me proposez le plus délicieux esclavage: cependant nous allons nous retirer, et demain....

Ste. SCHOLASTIQUE

Oh je m'y opose.

Ste. AGNÈS.

Et moi aussi.

LE CAPITAINE. (*à part*)

Me voilà pris dans mes propres filets; (*à toutes deux*) j'ai pour vous une incroyable vénération, je tremble de vous compromettre, et je m'immole à votre sûreté. (*les regardant l'une après l'autre*) Je pars, mais pour revenir bientôt à vos pieds, demain je suis à vos genoux.

LE MARÉCHAL-DES-LOGIS.

Adieu vignoble, adieu jambon.

(*Ils vont pour monter le mur, on entend la trompette.*)

Ste. SCHOLASTIQUE.

Qu'allez vous faire? cette rue est pleine de troupes.

LE CAPITAINE.

Elle a raison (*on sonne encore.*)

LE MARÉCHAL-DES-LOGIS.

On sonne le boute-selle, et nous n'y serons pas.

LE CAPITAINE.

Mon ami, si c'était pour une affaire?

LE MARÉCHAL-DES-LOGIS.

Il y aurait de quoi se bruler la cervelle.

Ste. AGNÈS.

Et entrez donc petit récalcitrant,

LE CAPITAINE.

Mesdames, je veux sçavoir à quoi m'en tenir; ceci passe le jeu.

Ste. SCHOLASTIQUE.

Je vais envoyer le Jardinier...

LE CAPITAINE.

Qu'il veille au moment où nous pourrons nous échapper, et je vous en prie soyez exacte. Notre vie en dépend.

LE MARÉCHAL-DES-LOGIS.

On brave un mois de cachot; mais l'infamie....

LE CAPITAINE.

Est le bourreau des français.

Ste. SCHOLASTIQUE

Mais décidez vous donc, il n'y a pas un moment à perdre.

Ste. AGNÈS.

Entrez, mon fils

Ste. SCHOLASTIQUE.

Entrez mon cher enfant.

LE MARÉCHAL-DES-LOGIS (*entrant*)

Voilà pourtant où mènent vos plaisanteries. (*Il entrent dans le pavillon.*)

SCÈNE XVI.

Mesd. Ste. AGNÈS, Ste SCHOLASTIQUE.

Ste. SCHOLASTIQUE (*à part*).

Voyons si je pourrai enfin l'éloigner.

Ste. AGNÈS (*à part.*)

Tâchons de nous en défaire.

Ste. SCHOLASTIQUE.

Madame, il faut penser à approvisionner nos reclus,

Ste. AGNÈS.

Sans doute, Madame, occupez vous de cela.

Ste. SCHOLASTIQUE.

Je vous laisse ce soin, je connais votre prévoyance.

Ste. AGNÈS.

C'est moi qui compte sur la votre.

Ste. SCHOLASTIQUE.

Madame, vous êtes quelque fois d'une obstination.....

Ste AGNÈS.

C'est vous, madame, qui ne cédez jamais. (*à part*) Il faut la mettre dans la confidence, car ceci ne finirait pas.

Ste. SCHOLASTIQUE (*à part*).

Je vais lui tout déclarer. Je ne vois que ce parti à prendre. (*Lui parlant*) Ma sœur, nous avons toutes nos faiblesses.

Ste. AGNÈS.

C'est un malheur attaché à la nature humaine.

Ste. SCHOLASTIQUE.

Que celle qui s'en croit exempte jette la première pierre.

Ste. AGNÈS.

Assurément ce ne sera pas moi.

Ste. SCHOLASTIQUE.

Ni moi, Madame.

Ste. AGNÈS.

Nous avons prononcé des vœux d'une rigueur....

Ste. SCHOLASTIQUE

Et à un âge où ce sacrifice est sans prix.

Ste. AGNÈS.

La clôture, l'obéissance....

Ste. SCHOLASTIQUE.

Passe, passe.

Ste. AGNÈS.

La pauvreté même.....

Ste. SCHOLASTIQUE.

Peut se supporter.

Ste. AGNÈS.

Mais l'abnégation totale de son être....

Ste. SCHOLASTIQUE

Est bien dure, ma sœur, est bien dure!

Ste. AGNÈS

Sainte Monique étoit mariée.

Ste. SCHOLASTIQUE.

Et nous lui devons le grand Saint Augustin.

SCÈNE XVII.

Les précédentes, Mad. Ste. CLAIRE; dans le fond.

Ste. AGNÈS.

Pourquoi n'imiterait-on pas Sainte Monique?

Ste. SCHOLASTIQUE. *minaudant*

Mais je ne suis pas loin de suivre son exemple.

Ste. AGNÈS.

Tout de bon, ma sœur? ah! vous me ravissez; je me propose aussi de l'imiter dans peu.

Ste. SCHOLASTIQUE.

Ah, chere sainte Agnès!

Ste. AGNÈS.

Ah, chere Scholastique! (*elles s'embassent*)

Ste. SCHOLASTIQUE.

Avez-vous fait un choix?

Ste. AGNÈS.

Et vous ma tendre amie?

Ste. SCHOLASTIQUE.

J'ai inspiré un penchant vertueux à l'homme le plus aimable.....

Ste. AGNÈS.

J'ai le bonheur de plaire à un petit être accompli.

Ste. SCHOLASTIQUE.

Il a la beauté d'un archange.

Ste. AGNÈS.

Et le courage des Machabées.

Ste. SCHOLASTIQUE.

Une onction dans le discours....

Ste. AGNÈS.

Une grace sous l'habit militaire!...

Ste. SCHOLASTIQUE. (*à part*)

Sous l'habit militaire! (*haut*) enfin c'est....

Ste. AGNÈS.

Le petit capiteine que je tiens sous la clef.

Ste CLAIRE.

Sous la clef!

Ste. SCHOLASTIQUE. (*avec aigreur après un moment de stupéfaction.*) Assurément, madame, vous vous trompez.

Ste. AGNÈS.

Pas du tout, madame, je sçais ce que je dis.

Ste. SCHOLASTIQUE.

Bien certainement c'est moi qu'il aime.

Ste. AGNÈS.

Cela ne se peut pas, il m'a protesté le contraire.

Ste. SCHOLASTIQUE.

Comme l'amour propre vous égare!

Ste. AGNÈS.

Comme le votre vous aveugle!

Ste. SHOLASTIQUE.

Voulez-vous que je vous confonde?

Ste. AGNÈS.

Oh! je vous mets au défi.

Ste. SCHOLASTIQUE.

Ouvrez et que ce cher enfant prononce.

Ste. CLAIRE. (*riant aux éclats*)

Ah, ah, ah, ah,

Ste. SCHOLASTIQUE.

C'est sainte Claire, elle a tout entendu....

Ste. AGNÈS. (*sortant*)

Je me sens rouge jusqu'au blanc des yeux.

Ste. SCHOLASTIQUE (*sortant*)

Ma confusion est inexprimable!

Ste. CLAIRE. (*les prenant par la main et les ramenant sur le devant de la scène.*)

Et vos vœux, mesdames, et la règle, et madame l'Abbesse, et Monseigneur notre Évêque, ah, ah, ah, ah!

(*Sainte Scholastique et Sainte Agnès sortent en grommelant et en se querellant.*

SCÈNE XVIII.

Ste CLAIRE (*seule*).

Voilà comment sont faits les trois quarts des humains; pleins d'indulgence pour eux-mêmes, inexorables pour les autres; redoutant la médisance et toujours prêts à médire, se permettant sans scrupule, ce qu'ils blâment hautement dans autrui..... Ne vais-je pas philosopher pour la première fois de ma vie? C'est bien là le moment..... Il résulte de l'entretien de ces dames, que mon petit capitaine leur a plu à toutes deux; tant mieux. Je veux que toutes les femmes en raffollent; mais il me semble aussi qu'il les a flattées l'une et l'autre d'un espoir..... Voilà ce que je ne veux pas, par exemple. Où vais-je m'arrêter? Il est jeune, enjoué; il s'ennuyait et se sera donné la comédie à leurs dépens : il n'y a pas grand mal à cela... Il s'ennuyait. Et pourquoi s'ennuyait-il, ce beau monsieur?

Que ne venait-il au parloir? Je grillais de m'entendre appeler, j'étais sur les épines; c'est que je l'aime. Oh, je l'aime comme on aime la première fois! Et je crois que je suis piquée de ne lui pas trouver l'empressement que je voudrais, ... que je devrais lui inspirer, tranchons le mot. Oui, je suis piquée, très-piquée, et je lui ferai une mercuriale..... Mais il faut penser au plus pressant. Il est renfermé ici, et son régiment vient y faire une perquisition; on le trouvera, on ne croira jamais qu'il y soit pour le compte de ces dames; pour peu qu'il parle, moi, je rougirai, je balbutierai, j'aurai l'air de m'être concertée avec lui, et l'estime de ses chefs... Voilà ce qui m'embarasse. Il avait bien affaire de s'amuser de ces deux prudes! C'est moi seule qui ai tort; oui, j'ai tort, absolument tort; pourquoi leur rire au nez? Quelle imprudence; si j'avais été raisonnable, je les aurais tranquillement écoutées, et j'aurais découvert la cachette.... Il faut pourtant que je le trouve, et où le chercher maintenant? (*Elle tourne, et appelle à demie voix : capitaine! capitaine!*... Il n'est pas enfermé dans le corps de logis, du moins il n'y a point d'apparence..... Oh le mauvais petit sujet! (*Elle appuie sa tête contre la croisée du pavillon; elle tousse, et on tousse aussi en dedans.*) Ah me voilà tranquille!

LE CAPITAINE (*en dedans.*)

Mesdames, êtes vous là?

Ste. CLAIRE.

Non, monsieur, ce ne sont pas ces dames.

LE CAPITAINE.

Ah! charmante Sainte Claire, de grace, ouvrez moi.

Ste. CLAIRE.

Attendez madame Ste Agnès.

LE CAPITAINE.

Vous êtes près de moi et vous voulez que j'attende!

Ste.

Ste. CLAIRE.

Vous lui êtes trop cher pour qu'elle abuse de votre patience.

LE CAPITAINE.

Ouvrez, je vous en conjure.

Ste. CLAIRE.

Je n'ai pas la clef.

LE CAPITAINE.

Je vais briser la porte.

Ste. CLAIRE.

Je vous le défends.

LE CAPITAINE.

Passons par la fenêtre. L'espagnolette est cadenatée.

Ste. CLAIRE.

Cassez un carreau. (*Le capitaine casse un carreau, et sort avec le maréchal-des-logis.*)

SCÈNE XIX.

LE MARÉCHAL-DES-LOGIS, LE CAPITAINE, SAINTE CLAIRE

Ste. CLAIRE.

Monsieur a son confident.

LE CAPITAINE.

Ah ma chère Sainte Claire!

LE MARÉCHAL-DES-LOGIS.

Elle est ma foi jolie!

Ste. CLAIRE.

Hé bien, monsieur, que me voulez-vous?

LE CAPITAINE.

Comment, ce que je veux? pouvez-vous me le demander, vous qui savez....

Ste. CLAIRE.

Ah ! vous allez me faire une histoire. Vous croyez avoir affaire à un enfant. On ne me mène pas, je vous en avertis.

LE CAPITAINE.

Madame a de l'humeur.

Ste. CLAIRE.

Madame a sans doute ses raisons.

LE CAPITAINE.

Peut-on les lui demander ?

Ste. CLAIRE.

Je vous conseille de m'interroger.

LE CAPITAINE.

Une mauvaise plaisanterie exciterait-elle un mouvement de jalousie.

Ste. CLAIRE.

Moi jalouse ? et de qui ?

LE CAPITAINE.

Que sais-je ? Peut-être Ste Agnès ....

Ste. CLAIRE.

Je ne puis être jalouse ni de Ste Agnès ni de Ste Scholastique, ni de personne au monde, monsieur. Je me connais et me rends justice.

LE CAPITAINE.

Sans doute, mais....

Ste. CLAIRE.

Quoi ! mais ? savez-vous que vous avez un fond d'amour propre révoltant ? Il n'est pas de jalousie sans amour, et grace au ciel je ne vous aime pas et n'en ai nulle envie.

LE CAPITAINE.

Vous êtes décidée.

Ste. CLAIRE.

Je tâche d'avoir la raison de mon côté, et quand j'ai pris mon parti, je ne cède jamais. J'ai du caractère.

LE MARECHAL-DES-LOGIS.

Enfin vous trouvez à qui parler.

LE CAPITAINE.

Voilà un ton auquel je ne suis pas accoutumé.

Ste. CLAIRE.

Vous aurez la bonté de vous y faire.

LE CAPITAINE.

C'est votre dernier mot?

Ste. CLAIRE.

Absolument.

LE CAPITAINE.

h bien, madame, parlons d'autre chose.

Ste. CLAIRE.

Soit.

LE CAPITAINE.

Vous avez sans doute entendu la trompette?

Ste. CLAIRE.

Après?

LE CAPITAINE.

Le régiment est sans doute à cheval?

Ste. CLAIRE.

Au contraire, le régiment est à pied.

LE CAPITAINE.

A pied! et que va-t-on faire?

Ste. CLAIRE.

Une visite dans cette maison.

LE CAPITAINE.

Ah! je respire! Ceci s'arrangera avec un mois d'arrêts.

LE MARÉCHAL-DES-LOGIS.

Touchante perspective!

LE CAPITAINE.

Je ferai la paix avec mon oncle.

LE MARÉCHAL-DES-LOGIS.

Oui, à la fin du mois. C'est consolant.

Ste. CLAIRE.

Vous avez un oncle au régiment ?

LE MARÉCHAL-DES-LOGIS.

Rien que le colonel.

Ste. CLAIRE.

Je le plains bien sincèrement.

LE CAPITAINE.

Mon dieu, qu'un homme est sot quand il est amoureux.

LE MARÉCHAL-DES-LOGIS.

Voilà une grande vérité, par exemple.

LE CAPITAINE.

C'est bien vous qui me menez comme un enfant. Vous êtes la femme la plus indéchiffrable ...

Ste. CLAIRE.

Il ne vous reste plus qu'à me dire des injures.

LE CAPITAINE.

Mais expliquez-vous donc, car vous me faites une querelle qui n'a pas le sens commun, et qui m'étourdit à un point. . .

Ste. CLAIRE.

Que je m'explique ? Je vais m'expliquer. Que faites-vous ici ? Pourquoi y êtes encore ? Il y a une heure que je vous ai ordonné d'en sortir, et que vous devriez être parti.

LE CAPITAINE (*avec vivacité.*)

Et je n'en ai pas trouvé le moment.

(*On sonne la cloche.*)

Ste. CLAIRE.

Entendez-vous la cloche ? C'est pour assembler nos dames ; c'est votre colonel qui entre. Voyez-vous s'il bougera ? Avez-vous envie de vous trouver nez à nez avec votre oncle ? Que pensera-t-il de tout ceci ? que c'est pour moi que vous êtes entré dans le couvent, que c'est moi qui vous y retiens, que je suis une inconséquente, sans raison, sans jugement. Et vous m'aimez, vous, homme sans docilité, sans complaisance, incapable du moindre sacrifice.

LE CAPITAINE.

Ah! mon aimable amie, je crois lire dans votre cœur. Mais j'ai besoin d'un aveu, que cet aveu me rassure, et je n'ai plus rien à desirer.

Ste. CLAIRE.

Si je ne vous aimais pas, que m'importerait l'opinion de votre oncle, que me ferait celle du monde entier? Oui, je vous aime, et de toute mon ame; mais allez-vous en.

LE CAPITAINE. (*sautant à la muraille.*)

Le régiment est en bataille dans la rue.

LE MARÉCHAL-DES-LOGIS.

Nous voilà jolis garçons.

LE CAPITAINE.

Cachez-nous quelque part, à la cave, au grenier, dans votre cellule.....

Ste. CLAIRE.

Et où voulez-vous que je vous mette? les dragons entreront par-tout. Ah! mon ami, quelle situation!

LE CAPITAINE.

Je deshabille saint Martin. (*il monte à la statue.*)

LE MARÉCHAL-DES-LOGIS.

Et moi je serai le diable, n'est-il pas vrai.

LE CAPITAINE.

Hé mon camarade, d'un diable à un dragon la différence est imperceptible.

LE MARÉCHAL-DES-LOGIS.

Va donc pour le diable. Quelque traitement qu'on nous réserve, nous ne l'aurons parbleu pas volé.

Ste. CLAIRE. (*les aidant*)

La plaisante aventure! Dans un autre moment j'en rirais jusqu'aux larmes.

LE MARÉCHAL-DES-LOGIS.

Ah! ça ferme sur les étriers.

LE CAPITAINE.

Immobile à ton poste.

Ste. CLAIRE.

Vous voilà bien, tout-à-fait bien, à merveille: gardés de faire le moindre mouvement. Je rejoins nos dames et je paraîtrai, s'il est possible, ne prendre aucune part aux événemens de la soirée.

SCÈNE XX.

LE CAPITAINE.
LE MARÉCHAL-DES-LOGIS.

LE MARÉCHAL-DES-LOGIS.

Je joue ici un joli personnage.... Et je n'ai pas diné

LE CAPITAINE.

A ton faim quand on aime?

LE MARÉCHAL-DES-LOGIS.

Je ne suis pas amoureux moi.

LE CAPITAINE.

Et sœur Gertrude.

LE MARÉCHAL-DES-LOGIS.

Que le diable la serre.

LE CAPITAINE.

Te voilà en costume. Fais toi même ta commission.

LE MARÉCHAL-DES-LOGIS.

Chit. J'entends du monde.

SCÈNE XXI.

L'ABBESSE, LE COLONEL, Ste. AGNÈS, Ste. SCHOLASTIQUE, Ste, CLAIRE, RELIGIEUSES *au fond à la doite de l'abbesse*, DRAGONS *au fond à la gauche.*

LE COLONEL (*aux religieuses*)

Oui, citoyennes, vous allés rentrer dans le monde. Les plus jeunes contribueront à l'embellir; les plus âgées prouveront sans doute par leur prudence et leurs lumières, que la retraite ne leur a pas été inutile: (*à l'Abbesse*) voici encore un pavillon que je n'ai pas visité.

Ste. AGNÈS (*à part*).

Miséricorde!

L'ABBESSE.

C'est une de ces petites retraites où nos dames passent leurs moments de loisir.

LE COLONEL.

Permettez, que je remplisse exactement ma mission. Je me fais d'avance un plaisir de publier que je n'ai trouvé chez vous ni armes, ni personnes suspectes et de garantir même la pureté de vos intentions. Faites ouvrir je vous en prie.

L'ABBESSE.

Madame sainte Agnès, vous entendez.

Ste. CLAIRE. (*à part.*)

Qu'elle transe! ah! je suis bien vengée!

Ste. AGNÈS

Madame... je désirerais.... que monsieur le Colonel voulut me dispenser...,

LE COLONEL.

Cela ne se peut pas, citoyenne.

Ste. AGNÈS.

Ce cabinet.... renferme.... bien des petites choses à mon usage et.....

LE COLONEL. (*souriant*)

Soyez tranquille, citoyenne, je suis discret.

Ste. AGNÈS. (*à part*)

Quel supplice!... (*haut*) d'ailleurs.... j'y vais rarement cette porte ferme mal, et je ne réponds pas.... de ce qui peut-être là-dedans.

LE COLONEL. (*poussant la porte*)

La porte ferme très-bien, et votre résistance m'étonne. Ouvrez madame, où je serai contraint d'employer des moyens dont je ne me servirais qu'à regret.

Ste. AGNÈS.

Voilà la clef, permettez que je vous dise un mot.

LE COLONEL.

Rien de secret entre nous, s'il vous plait; mon devoir me le défend: entrons camarades.

Ste. SCHOLASTIQUE. (*à part*)

Je n'ai pas une goutte de sang dans les veines.

Ste. AGNÈS. (*à part*)

Je suis morte.

L'ABBESSE.

Qu'avez-vous, mesdames, vous m'inquiétez. Sainte Agnès auriez vous fait qu'elqu'imprudence.

LE COLONEL. (*à l'abbesse se plaçant à sa droite.*)

Rien, citoyenne, et j'en suis enchanté; je termine mon opération de la maniere la plus agréable, puisque je peux vous rendre la justice que vous méritez.

Ste. AGNÈS. (*à Ste. Scholastique.*)

Je m'y perds.

Ste. SCHOLASTIQUE.

C'est un miracle ma sœur.

Ste. CLAIRE.

Celui-là est de ma façon.

Scène,

SÇÈNE XXII.

LES Précédens, UN OFFICIER,
(Venant entre l'Abbesse et le Colonel.)

L'OFFICIER.

J'ai cherché votre neveu dans les caffés, dans lès auberges; j'ai fait le tour de la ville et personne n'a pu m'en donner des nouvelles.

L'ABBESSE.

Vous cherchez un neveu.

LE COLONEL.

Dont l'absence m'inquiete à vous dire vrai. Il a l'habitude de faire des sottises, il n'a pas celle de manquer à son devoir.

L'ABBESSE.

Il sert sans doute sous vos ordres.

LE COLONEL.

Il est Capitaine au régiment. C'est un jeune homme de la plus jolie figure, d'un cœur excellent, aimable, plein d'esprit de valeur, plus instruit qu'on ne l'est ordinairement à son âge; mais d'une folie, d'une étourderie dont on ne peut se faire d'idée.

Ste. CLAIRE *(à part)*.

Le voilà trait pour trait.

L'ABBESSE.

Ses qualités lui donnent bien des droits à votre indulgence.

LE COLONEL.

Aussi je l'aime de tout mon cœur, cependant quand il paraitra je ferai un bruit....

(Pendant cette scène Gertrude entre et se prosterne aux pieds de saint martin, jusqu'à ce que le Capitaine éclate de rire.)

L'ABBESSE.

Pour la forme.

LE COLONEL.

Oh, rien que cela, que voulez-vous? l'âge amènera la raison; j'avoue même ma faiblesse. Quelque dessein que jaie de gronder, quelque sujet que j'en puisse avoir, il rit, il caresse, il me fait des contes; ses saillies me désarment et sans le sérieux que je suis contraint d'affecter, je rirais souvent de tout mon cœur et de ma prétendue colère et de son originalité.

LE CAPITAINE. (*qui pendant le couplet précédent s'est beaucoup contraint éclate de rire à la fin et descend.*)

Ah, ah, ah, ah,

GERTRUDE.

Au prodige, au miracle! Saint martin vient de rire et très distinctement.

L'OFFICIER.

Saint Martin vient de rire?... (*il approche*) hé parbleu c'est le Capitaine et le vieux camarade. La plaisante équipée!

LE COLONEL. (*à l'abbesse*)

Que lui dire à présent? il a tout entendu.

L'ABBESSE.

Pardonnez, c'est le plus court.

LE CAPITAINE.

Mon cher oncle, vous avez un peu compromis la dignité de votre caractère, mais je n'en abuserai pas. Faisons nous loyalement la guerre et supposons que je n'ai rien entendu. Voyons, donnez vous carrière, grondez, querellez, apostrophez, et je vous réponds que vous avez tort.

LE COLONEL,

Ceci est un peu fort, à la preuve, citoyen,

LE CAPITAINE.

C'est où j'en veux venir. Le conseil de guerre arrête une visite dans cette maison; la trompette sonne, le régiment s'assemble, et vous entrez : j'étais déjà à mon poste. J'ai fait ce qu'une armée n'aurait pu faire, c'est de-là que j'ai tout vû, tout entendu et que j'ai pénétré les plus secrètes pensées. Vous voyez, citoyen, que mon zèle et mes services l'emportent de beaucoup sur mon inexactitude apparente, et que le Colonel le plus sévère n'aurait absolument rien à me reprocher.

LE COLONEL.

Et qu'a produit ce zèle, dont vous me parlez avec tant d'emphase ?

LE CAPITAINE.

Rien de bien intéressant pour la république, j'en conviens; mais j'ai fait des découvertes qui peuvent assurer votre repos.

LE COLONEL.

Et peut on savoir, citoyen, qu'elles sont ces découvertes ?

LE CAPITAINE.

D'abord, je demande grace pour le vieux camarade, qui n'a d'autre tort que d'avoir cedé à mes instances.

LE COLONEL.

Accordé.

LE CAPITAINE.

Il n'y a que le meilleur des oncles, qui puisse avoir de pareils procédés. (*Il l'embrasse*)

LE COLONEL.

Au fait, citoyen, au fait.

LE CAPITAINE.

Je vais maintenant vous parler raison, pour la première fois de ma vie.

L'ABBESSE.

Il est de bonne foi au moins.

LE CAPITAINE.

Vous me trouvez aimable, plein d'esprit, tout le monde en convient ; brave, il n'y a pas de mérite à cela, étourdi vous avez raison, mais j'ai le cœur excellent et c'est d'une grande ressource. Vous pouvez d'un mot faire de moi l'homme le plus sensé et le plus réfléchi.

LE COLONEL.

Si je fais une pareille métamorphose, je ne doute plus de rien.

LE CAPITAINE.

Je vais vous étonner d'avantage. J'ai pensé, oui j'ai pensé et me suis dit : qu'est-ce qu'un étourdi ? c'est un être dont l'imagination vole d'objet en objet, sans s'arrêter à aucun, qui ne jouit de rien, parce que ses desirs n'ont pas de but déterminé, qui embrasse l'ombre et laisse échappé la réalité, qui a le cœur vuide et la tête exaltée ; suivez moi s'il vous plait.

LE COLONEL.

Je ne perds pas un mot.

LE CAPITAINE.

Et j'ai ajouté : le bonheur est en nous. Il ne faut pour le saisir que régler ses moyens au lieu d'en abuser ; troquer la frivolité contre un grain de raison ; ne point écouter sa tête et consulter son cœur ; ne plus dire de jolies choses à toutes les femmes, mais s'attacher sérieusement à une seule. Ce raisonnement m'a paru dicté par le bon sens, et j'ai résolu de me marier.

Ste. SCHOLASTIQUE. (*à part*)

Il est charmant.

Ste. AGNÉS. (*à part*)

Il est adorable.

COLONEL.

Et le mot que vous attendez, c'est mon consentement ?

LE CAPITAINE.

Précisément, citoyen.

LE COLONEL.

Quand je voudrai du mal à une femme, je lui conseillerai de vous épouser.

LE CAPITAINE.

Mais pensez-donc que vous faites le procès à l'étourdi; et que vous le confondez avez l'homme raisonnable. Figurez-vous votre neveu marié à une femme jeune, jolie et enjouée; voyez-le dans son petit ménage, toujours tendre et toujours aimé; representez-vous mon cher oncle passant ses quartiers d'hiver avec nous, et une nièce charmante souriant au récit de ses exploits guerriers. Je vois d'ici le tableau. Vous êtes assis dans un grand fauteuil, les pieds sur les chenêts, ma femme est à vos côtés. Elle a une main dans les vôtres, et de l'autre elle soutient un petit marmot qui balbutie votre nom. Un regard tendre s'échappe de tems à autre, et pénètre mon cœur du sentiment intime de sa félicité. Vous jouissez de tout cela. Vous éprouvez des sensations qui vous étaient inconnues. Votre existence est doublée, votre bonheur est parfait, et c'est à moi que vous en êtes redevable.

L'ABBESSE.

Colonel, ce jeune homme est plus sage que vous ne pensez.

LE COLONEL.

Son tableau me séduit. Mais où trouveras tu cette nièce que tu as peinte sous des couleurs si favorables?

LE CAPITAINE. (*prenant Sainte Claire par la main.*)

La voilà.

Ste. AGNÉS. (*en sortant*).

Nous sommes jouées.

Ste. SCOLASTIQUE. (*en sortant.*)

C'est une abomination,

LE COLONEL.

Le portrait n'est pas flatté. Je crois facilement que cette jeune personne te convient ; mais il faut qu'elle me convienne un peu aussi.

Ste. CLAIRE.

Ce qui arrive en ce moment est précisément ce que je voulais éviter. Le travestissement de votre neveu peut vous donner de moi des idées défavorables. Mais pensez qu'il n'est dans cette ville que d'hier, et que le hazard seul a conduit tout ceci.

LE COLONEL (*à l'Abbesse.*)

Citoyenne, qu'est cette aimable enfant ?

L'ABBESSE.

Une orpheline sans fortune.

LE COLONEL.

Ce n'est pas cela que je vous demande. Autrefois, en France, comme ailleurs, on épousait un nom ou une dot. Aujourd'hui nous épousons des femmes, et nous nous en trouvons bien. Son caractère.

L'ABBESSE.

Le plus heureux mélange de gaité et de raison.

LE COLONEL.

Hé bien qu'en dites vous ?

L'ABBESSE.

Qu'il ne sera pas le premier que le mariage aura rendu raisonnable.

LE COLONEL.

A la bonne heure ; mais le mariage est bien dangereux dans son état. (*à son neveu*) Tu peux être tué : que laisseras tu au petit marmot ?

LE CAPITAINE.

Sa mère à consoler et mon exemple à suivre.

LE COLONEL.

Tu le veux ?

LE CAPITAINE

Oh ! très-décidément.

LE COLONEL.

Tu lui plais ?

LE CAPITAINE.

Je l'éspére.

LE COLONEL.

Cela ne suffit pas. Allons, ma belle enfant, laissez parler votre cœur.

Ste. CLAIRE.

Mon silence, monsieur, ne vous répond il pas?

LE COLONEL.

C'est une affaire finie. Je donne la moitié de mon bien.

LE CAPITAINE.

Ah !, mon oncle !

LE COLONEL.

C'est pour le fauteuil et les chenêts, voilà tout ce que je puis au tableau. Le reste te regarde.

FIN.

www.ingramcontent.com/pod-product-compliance
Lightning Source LLC
LaVergne TN
LVHW022151080426
835511LV00008B/1356

* 9 7 8 2 0 1 2 1 8 2 4 0 0 *